Sieben Leichen auf der Rosenheimer Bowlingbahn

Ein Kriminalroman besonderer Sorte
von Volker Lindner

AF211533

Bibliografische Information der Deutschen Nationalbibliothek : Die Deutsche Nationalbibliothek verzeichnet diese Publikation in der Deutschen Nationalbibliografie; detaillierte bibliografische Daten sind im Internet unter http://dnb.d.-nb.de abrufbar.

Herstellung und Verlag :
Books on Demand GmbH; Norderstedt
Copyright:2009 Lindner Autor
ISBN 9783837088229

Sonntag

Bertl, der Koch, war außer sich. Den Teller, den die Bedienung gerade in die Küche gebracht hatte, warf er mitsamt den Essensresten und dem Besteck so in die Spüle, dass man deutlich das Knacken des Porzellans hören konnte.

„Ich bring den Kerl um !" schrie er Melli, die heute Dienst als Bedienung hatte, an. „Ich bring den Dreckskerl um ! Wenn der sich hier noch mal blicken lässt und über mein Essen meckert, dann hau ich ihm ein Pfund Arsen in seine Pizza, dann hat er sein Lästermaul zum letzten Mal aufgemacht !"

Melli lächelte zwar nach außen hin, seufzte aber innerlich. Der Gedanke mit dem Gift war nicht schlecht, aber das war irgendwie so ein Mittel für einen Koch. Für ihren Ehemann hatte sie sich etwas anderes vorgestellt, eher so in der Art von ersäufen in der Badewanne. Oder vielleicht doch eins mit der Bratpfanne überziehen ?

Doch groß Zeit zum Überlegen war heute nicht. Es war wieder so ein Sonntag, wo man nicht zum Schnaufen kam auf der Rosenheimer Bowlingbahn. Von der ersten Minute an waren alle Bahnen belegt gewesen, die Bälle rollten wummernd über die Bahnen, die Pins fielen krachend und wurden wieder aufgestellt, immer wieder und ohne Pause, dazu lief dröhnende Musik aus den zahlreichen Lautsprechern, und nicht nur, dass die Leute laut jubelten, wenn jemand einen Strike erzielt hatte, nein, es schrie und lachte alles durcheinander. Melli kam kaum nach mit den Bestellungen.

Am Counter saß eine junge Blondine, Veronika, und brütete dumpf vor sich hin. Trotz des Riesentrubels heute hatte sie im Moment Zeit dazu, denn für das Personal am Counter - das ist die Theke, an der man eine Bahn reservieren kann, die Bowlingschuhe bekommt und am Schluss dann dafür zahlt - also für das dortige Personal ist die Hauptarbeit stets zur vollen Stunde. Wenn sich neue Kundschaft danach drängelt, eine Bahn zugewiesen zu bekommen, und alle die, die gerade mit Bowlen fertig sind, zahlen wollen und die geliehenen Bowlingschuhe zurückgeben, dann heißt es sich konzentrieren, dann steht man unter Stress. Aber so zwischendrin, wenn alles läuft, dann hat man etwas Zeit für eigene Gedanken.

Eben wie jetzt gerade Veronika. Zwei Monate war es jetzt schon her, dass sie ihrem damaligen Freund den Laufpass gegeben hatte. Zwei lange Monate, in denen er nicht aufgegeben hatte, sie zu nerven. Kam sie nach Hause, lag ein Rosenstrauß vor der Tür. Wollte sie in die Arbeit, also zur Bowlingbahn fahren, musste sie erst die hundert roten Papierherzen, die ihr der Trottel auf die Windschutzscheibe von ihrem Auto geklebt hatte, runterreißen. Und klingelte hier am Counter das Telefon, dann konnte sie damit rechnen, dass immer wieder, wenn sie sagte : „Inn-Bowling, Grüß Gott, Veronika am Apparat", dass dann immer wieder mal die Antwort kam : „Ich liebe dich doch immer noch."

Dieser Idiot ! So eine elende Nervensäge.

Veronika zerbrach vor Ärger den Bleistift, den sie in der rechten Hand gehalten hatte.

„Ich könnt' den Deppen umbringen," murmelte sie vor sich hin, „ja, wirklich. Wenn ich wüsste, dass mir niemand draufkommt, dann würd' ich ihn umbringen. Lieber heut' als morgen."

„Entschuldigens, Fräulein," sagte in diesem Moment jemand zu ihr. Veronika sah auf.

„Entschuldigens, Fräulein," sagte ein älterer Herr nochmals und beugte sich über die Theke vor, „aber bei uns, da kommen keine Kegel mehr. Ist da was kaputt ?"

Veronika schüttelte den Kopf. „Wahrscheinlich liegt's daran, dass es bei uns keine Kegel gibt."

Der ältere Herr war irritiert. „Entschuldigens, Fräulein," sagte er zum dritten Mal, „wieso, was meinen Sie ?"

„War nur Spaß," meinte Veronika und erklärte ihm : „Wir sind hier eine Bowling- und keine Kegelbahn. Bei uns heißen die Kegel Pins. Auf welcher Bahn spielen Sie ?"
„Wir sind auf der Bahn da ganz links am Fenster."

„Ah, ja, die Eins. Ich sag' gleich dem Mechaniker Bescheid, Sie können gleich wieder weiterspielen."

Während sich der ältere Herr bedankte und zur Bahn zurückging, funkte Veronika mit dem grauen, abgegriffenen Walkie-Talkie nach hinten, zu Andi, dem Mechaniker.

Der kniete gerade an seiner Lieblingsstelle, dem schwer zugänglichen Antrieb des Balltransportes von Bahn acht, der immer wieder Ärger machte und an dem er sich schon mindestens fünfmal sein T-Shirt zerrissen hatte.

„Ja ?" brüllte er in sein Funkgerät, denn seine Laune war heute nicht die beste. Nicht wegen der Arbeit war er so missgestimmt, nein, ihm saß dauernd sein Auto im Nacken. Also genau genommen nicht sein Auto, sondern der, der es ihm verkauft hatte. Seit drei Wochen war er mit den Raten überfällig, und dieser Fiesling, der Verkäufer, hatte gestern gedroht, den Wagen wieder abzuholen, wenn er bis nächsten Freitag nicht die gesamte Restsumme bekäme.

„Ja ?" brüllte Andi noch einmal, weil Veronika nicht gleich antwortete, und dann, als sie „Bahn eins !" sagte, noch einmal: „Ja !"

„Ich fahr' ihn über'n Haufen, dann gibt er vielleicht Ruhe!" schimpfte er vor sich hin und machte sich auf den Weg zu Bahn eins. Zum Teufel noch mal, nirgends war auch nur der geringste Geldsegen in Sicht. Das Einfachste wäre wirklich, wenn der Verkäufer still und leise das Zeitliche segnen würde, dann würde kein Mensch mehr nach den verfluchten Raten fragen.

Doch viel Zeit blieb ihm nicht zum Nachdenken, denn kaum hatte er den Pinstau auf Bahn eins beseitigt, da funkte ihn schon wieder Veronika an.

„Ja ?" schrie er wieder in sein Funkgerät und schob mit dem Fuß einen alten, zerkratzten Pin beiseite.

Nach vorne sollte er kommen, zu Bahn elf und zwölf, wo gerade das Training der Liga-Spieler stattfand. Da hieß es nicht trödeln, die Zeit der Damen und Herren aus dem Profilager war kostbar.

Die Liga-Spieler spielten natürlich nicht so wie die anderen Gäste. Hier ging es um mehr als um Unterhaltung, denn Bowling ist ja eine richtige echte Sportart. Mit anderen Worten, hier steckte auch Arbeit drin, angefangen von körperlicher Fitness bis hin zu verschiedenen Arten von Training. Eine ernste Sache also.

Im Moment trainierten hier die ‚Highrollers', eine recht erfolgreiche Rosenheimer Bowling-Formation. Und da man für den Erfolg nicht nur das Training, sondern vor allem einen guten Trainer braucht, hatten die High-Rollers nicht nur einen, sondern sogar deren zwei !

Der eine hieß Frankie - englisch ausgesprochen, also nicht Frankie, sondern Fränkie - und der andere hieß Harry - deutsch ausgesprochen, also nicht Härry, sondern Harry.

Ein bisschen stand Harry immer in Frankies Schatten. Nein, nicht dass er ein schlechterer Trainer war, keineswegs, er besaß die selben Diplome, also die gleichen Fähigkeiten, das gleiche Können. Aber irgendwie verkaufte sich Frankie stets besser als er. Irgendwie stand immer Frankie im Vordergrund. Was dann bei einem Erfolg der High-Rollers im Liga-Geschehen oder bei einem Turnier womöglich sogar auf einer fremden Bowlingbahn immer den Effekt abgab, der glänzende Trainer, der Vater des Erfolges, sei Frankie gewesen.

Nach außen hin lächelte Harry immer. Insgeheim aber wünschte er seinem Mittrainer die Pest an den Hals. Wenn er doch einfach weg wäre, einfach nicht einsatzbereit. Vielleicht eine längere Krankheit ? Ach

Quatsch, dann müsste er sich dauernd anhören : Ob Frankie bald wieder ......? Nein, eine dauerhafte Lösung wäre das einzig Richtige !

Und wenn Frankie beim Training so großartig dirigierte, dann lächelte Harry wie immer zustimmend dazu, aber in Gedanken erwog er die verschiedensten Möglichkeiten, ein Ableben seines Konkurrenten - denn als solches sah er ihn mittlerweile - erreichen zu können. Das Dumme war nur : Harry konnte sich allerhand ausmalen, aber er traute sich nicht, irgendetwas davon in die Realität umzusetzen. Nein, er hatte einfach Angst davor, solch einen Schritt zu tun. Wenn doch nur ....

Harry seufzte in sich hinein, niemand bemerkte etwas davon, Andi hatte den Monitor in Ordnung gebracht und das Training ging weiter.

Unter den anderen Gästen auf der Rosenheimer Bowlingbahn war auch die Putzfrau derselben. Sie hatte es sich für Sonntag angewöhnt, abends zu spielen und dann nach Schluss sofort ihre gesamte Reinigungstätigkeit hinter sich zu bringen. Zum einen fand sie dies für sinnvoll - verbinde das Notwendige mit dem Nützlichen - und zum andern entkam sie auf diese Weise ihrer nörgelnden Schwiegermutter, die ohne Ausnahme jeden Sonntag Nachmittag zum Kaffee erschien und, so lange sie da war, an allem herumkritisierte. Die Vorhänge passten doch überhaupt nicht zum Schrank, und warum gebe es gekauften Kuchen, kann denn heutzutage keine Frau mehr backen, und wieso stellt die Nachbarin ihr Auto direkt vor euer Küchenfenster, hat die keinen eigenen Parkplatz, und musst du dir schon wieder einen neuen Rock kaufen, wir früher hatten nicht so viel Geld zum Verschleudern, und können die Kinder heutzutage ihr Spielzeug nicht selber aufräumen und warum hast du ....

Bei dem Gedanken an ihre Schwiegermutter gab sie dem Ball, manche sagen auch Kugel, einen solchen Dreh, dass sie beiseite aus der Bahn schoss, an die Bande prallte und dann ohne einen einzigen Pin auch nur zu berühren nach hinten kullerte.

„Ich dreh der blöden Kuh den Hals um !" zischte sie vor sich hin, was aber in dem allgemeinen Lärm kein Mensch hörte.

*

Seit einiger Zeit war es zur lieben Gewohnheit geworden, - nachdem alle Gäste die Bowlingbahn verlassen hatten, also nach Schluss - sich vom Personal her noch auf ein paar Minuten zusammenzusetzen, also einfach so abzuschalten und kurz auszureden, bevor man heimfuhr.

So geschah es auch heute. Der Mechaniker Andi hatte das Leergut nach unten gebracht, die Tür abgeschlossen und dann alle Maschinen heruntergefahren und ausgeschaltet. Veronika hatte die Abrechnung erledigt, alle Leihschuhe aufgeräumt und die Musik um etliches leiser gedreht. Bertl hatte seine Lieblingsbeschäftigung, das Abwaschen aller Teller und einer Unmenge an Besteck hinter sich gebracht und Melli hatte die Kühlschränke wieder aufgefüllt - sie waren heute von den Gästen anständig geleert worden - und hatte Ordnung an der Bar gemacht. Die Putzfrau hatte ihre Arbeit noch vor sich, das machte sie alles erst, wenn alle anderen weg waren, ihre üblichen zehn bis fünfzehn Minuten blieb sie zunächst in der Runde. Und manchmal blieb auch einer von den Ligaspielern mit sitzen, heute war Harry mit ziemlich düsterer Miene dageblieben.

Und wie sie alle im Kreis schnell bemerkten, war Harry heute nicht der einzige. Bertl fluchte nach wie vor über diesen Gast, der alles bemeckerte, was man ihm auch vorsetzte. Melli seufzte und hing ihren Bratpfannengedanken nach und auch von den übrigen war nichts Fröhliches zu hören. Es waren fast alle Lichter ausgeschaltet, nur die kleine Lampe über dem Stammtisch, wo sie alle saßen, brannte, und die Dunkelheit außen um den Tisch herum passte wunderbar zur Stimmung.

Schließlich brachte es Veronika auf den Punkt : „Dann sind wir also alle in der gleichen Lage. Jeder von uns hat jemanden, den er augenblicklich umbringen könnte. Brauchen wir uns nur zu überlegen, wie wir es machen."

„Entschuldigens Fräulein !" sagte da eine Stimme hinter ihr aus dem Dunklen. „Entschuldigens, das wär schon machbar."

Alle starrten erschrocken ins Dunkle.

„Wo kommen Sie denn her ?" fuhr Veronika den älteren Herrn an, der heute schon einmal bei ihr gewesen war, denn dieser war es, der plötzlich im Halbdunkel stand.

„Entschuldigens alle," sagte der ältere Herr und fuhr sich mit der Hand durchs fast nicht mehr vorhandene Haar, „entschuldigens alle, ich wollt Sie nicht erschrecken. Nein, bestimmt nicht, ich bin nur, na ja, ich brauch halt ein bisserl länger, also ich bin halt, wie alle noch da waren, auf's Klo gegangen. Und wie ich da so mitten drin beim Bieseln war, da geht plötzlich das Licht aus, also da hab' ich noch länger gebraucht. So im Dunklen findet man nicht alles, was man braucht. Aber das, was Sie da gerade geredet haben, also ich mein, das ist schon machbar. Darf ich mich dazusetzen ?"

Bertl zog vom Nachbartisch einen Stuhl her und schob ihn ohne Kommentar zu dem älteren Herrn hin. Dieser dankte und setzte sich hin.

„Ja, also, wissen Sie," begann der ältere Herr wieder zu reden, „das ist schon machbar, was Sie sich da denken. Darf ich, wenn es Ihnen nichts ausmacht, mit mir beginnen?"

Er sah in die Runde und sprach weiter: „Mich beherrscht ein solcher Gedanke schon seit ewiger Zeit. Eigentlich hätte ich eine nette freundliche Nachbarin, die nicht abgeneigt wäre, wenn ich mich um sie kümmern würde. Aber dem steht meine tyrannische Ehefrau im Wege, es hat sicher jeder Mensch seine Probleme, aber so was hat von Ihnen sicher noch keiner erlebt. Ich höre den ganzen Tag nur Gekeife, Gekeife und nochmals Gekeife. Diese zwei Stunden heute hier auf der Bowlingbahn waren für mich himmlisch, der Lärm und die Musik waren eine Wonne gegenüber der Stimme meiner Frau.

Nun, ich habe schon oft überlegt, wie ich sie um die Ecke bringen könnte. Doch wie immer man es auch macht, *das* Problem schlechthin ist, wie bleibt man ungestraft, wie kann einem die Polizei nichts nachweisen. Denn alles ist sinnlos, wenn man hinterher die Nase aus Gitterstäben herausstecken muss zum Luftholen."

Er lachte über den eigenen Witz und fuhr fort : „Und darum sage ich, nachdem ich Ihnen also so quasi unfreiwillig zugehört habe, es ist schon machbar."

Er machte eine Pause, sah wieder in die Runde und setzte hinzu : „Wenn man nicht allein arbeitet, ist das alles sehr wohl machbar. Wissen Sie, ich war von Beruf in einem Riesenbetrieb Funktionsablauforganisator, ich bin also wie geschaffen dafür, so etwas auszuklügeln."

Nun rieb er sich die Hände. „Das ließe sich ziemlich leicht alles regeln, wenn wir uns einig sind und zusammenhelfen. Über mangelnde Phantasie hab' ich mich noch nie beklagen müssen. Das einzige, was ich mir als eventuell schwierig vorstellen könnte, wäre nur : Bringt man alle betreffenden Personen dazu, hierher auf die Bowlingbahn zu kommen ?"

„Der meine kommt von selbst," brummte Bertl, „da kann ich drauf warten, dass der wieder kommt und über's Essen meckert."

„Schön, schön," meinte der ältere Herr und rieb sich wieder die Hände, dabei sah er Melli an, die gleich neben Bertl saß.

„Ach ich ?" fragte sie erschrocken und fasste sich dann. „Ja, ich brauch ja meinem Mann nur zu sagen, er soll mich abholen. Dann kommt er schon."

„Praktisch und einfach," nickte der ältere Herr und wandte sich an Andi. „Und bei Ihnen?"

Andi überlegte. „Vielleicht könnt ich ihm sagen, er kriegt hier sein Geld, wenn er herkommt?"

„Ja, ja," freute sich der ältere Herr, „Sehen Sie, es klappt alles leichter, als man denkt. Dann wird Ihnen," er sah die Putzfrau an, „dann wird Ihnen sicher auch so etwas einfallen."

„Also mit abholen ist bei mir nichts," schüttelte die Putzfrau den Kopf, „bei mir geht's ja um die Schwiegermutter."

Dann hellte sich ihr Gesicht auf und sie hob den Zeigefinger wie beim Melden in der Schule in die Höhe. „Ich könnt ihr aber erzählen, es gäbe beim Putzen von irgendeiner wertvollen Maschine - meine Schwiegermutter hat ja sowieso keine Ahnung von einer Bowlingbahn - also ich könnt ihr sagen, ich komme mit einer Maschine nicht zurecht, ob sie nicht das Richtige weiß zum Putzen. Dann kommt die alte Besserwisserin bestimmt!"

„Prächtig, prächtig," lobte der alte Herr, „wir kommen vorwärts. Ich sage doch, es ist machbar. Und wie steht's mit Ihnen?"

Harry, der Angesprochene, hatte mittlerweile, da er ja ein heller Kopf war, schon überlegt.

„Ist bei mir überhaupt kein Problem. Überhaupt keins. Ich brauch Frankie nur anzuspitzen, dass ich eine der Trainingsneuheiten nicht ganz kapiert hab, dann saust er her, um mit mir alles durchzuüben."

„Wunderbar, wunderbar," war die Meinung des älteren Herren.

„Bleiben nur noch Sie," wandte er sich an Veronika. „So wie Sie dreinschauen, wette ich, dass Sie sich bereits etwas ausgedacht haben."

„Ich brauch mir nicht mal was ausdenken," winkte Veronika ab, „ich brauch am Telefon nur ein einziges Mal sagen ‚Also gut, komm her', dann ist der Trottel nach fünf Minuten da."

„Läuft doch wie geschmiert !" Der ältere Herr rieb sich wieder die Hände. „Das klappt also bei jedem von uns, und wir sind," er zählte kurz durch und stellte dann hocherfreut fest : „Sieben ! Wir sind genau sieben ! Also wenn das kein gutes Omen ist ! Wir sind genau sieben !"

Und schon wieder rieb er sich die Hände und lachte. „Sieben Tage hat die Woche. Sieben Personen müssen wir beseitigen, damit wir alle unseren Seelenfrieden bekommen. Das heißt also, jeden Tag einer, von Montag bis Sonntag."

Er sah rundum jedem in die Augen. Dann legte er seine rechte Hand auffordernd in die Mitte des Tisches und sagte ernst : „Und ? Sind wir Partner ? Schaffen wir uns Seelenfrieden ?"

Nach kurzem Zögern lagen sieben Hände ineinander.

Der ältere Herr legte seine linke Hand ganz oben drauf und sprach feierlich : „Dann sind wir eine Gemeinschaft. Nur so wird es funktionieren. Können wir uns alle aufeinander verlassen ?"

Nachdem alle ja gerufen hatten, nahm zuerst der ältere Herr seine linke Hand weg, dann die anderen alle ihre Hände.

„Und wie wird jetzt die ganze Geschichte gehen ?" fragte Bertl und die anderen nickten dazu und sahen den älteren Herrn neugierig an.

Keinen wunderte es, dass er sich wieder die Hände rieb und dabei kicherte.

„Ich erklär's euch, ich erklär's euch," freute er sich. „Ich hab's schon genau im Kopf. Es ist auch nicht weiter schwierig, passt auf ! Die Hauptrolle dabei wird ein ganz normaler Kegel spielen. Oh halt, Entschuldigung," fügte er hinzu, als er Veronikas Blick sah, „ich weiß schon, es heißt Pin und nicht Kegel, ja also, die Hauptrolle für uns wird also ein Pin spielen."

Montag

Am Montag Abend war der Rosenheimer Kriminaloberkommissar Wernfried L. Kobbs zum ersten Mal in seinem Leben in der Rosenheimer Bowlingbahn. Solcher Unfug wie dieses aus Amerika gekommene Spiel hatte ihn allerdings noch nie interessiert und würde ihn auch nie interessieren.

Wir ziehen daraus den logischen Schluss, dass der Herr Kommissar, den die Polizei-Kollegen im Landkreis liebevoll ‚Rosenheim-Kobbs' nannten, nicht zu seiner Erbauung oder zu seinem Vergnügen hier war.

Nein, er war dienstlich hier, und er hatte sich auch den Weg hierher erst erklären lassen müssen.

Nun stand er dem eilig herbeigeeilten Besitzer der Bowling-Bahn gegenüber, einem Herrn, der offensichtlich an Alzheimer-Bulimie litt - das ist die berühmte Krankheit, bei der man isst und isst und danach seine

Bulimie-Pflicht vergisst - und der mit Nachnamen Lindner hieß, was uns an einen erfolgreichen Buchautor gleichen Namens erinnert. Wofür natürlich beide nichts können. Also zumindest, was den Namen betrifft.

„Nur die Ruhe, Herr, äh, wie war Ihr Name ?" sagte Oberkommissar Kobbs gewichtig. „Äh ja, Lindner, also nur die Ruhe, Herr Lindner, so etwas ist für uns Routine."

Er sah sich um, als ob er den Tatort begutachten müsste, aber da sie hier am Counter standen, konnte er davon überhaupt nichts sehen, denn die Leiche lag im Damen-WC.

„Die reine Routine !" bestätigte der junge Mann, der neben dem Oberkommissar stand und neben einer schon ziemlich abgetragenen Lederjacke einen recht gehetzten Ausdruck im Gesicht trug.

„Mund halten, Bichler !" fauchte der Oberkommissar, und wie zur Entschuldigung für solch eine Last meinte er zu dem aufgeregten Besitzer der Bowling-Bahn : „Das ist mein Mitarbeiter, Kriminalobermeister Bichler. Also, Herr Lindner, ich kann Sie beruhigen, das ist für uns die reine Routine."

Doch scheinbar beruhigten diese Worte den Angesprochenen nicht im Mindesten. Er wippte mit den Zehenspitzen auf und ab, schob die rechte Hand in die

Hosentasche, zog sie wieder heraus, fuhr sich über die Haare und rief : „Was interessiert mich Ihre Routine ? Ich kann doch nicht wegen einer Leiche die Bahn zusperren, oder ? Wie soll's denn hier weitergehen ? Wissen Sie, was das für mich für ein Verdienstausfall ist, na ? Ich muss mein Personal doch zahlen ! Ich kann doch nicht alle Leute, die bowlen wollen, wieder wegschicken ! Wie stellen Sie....."

Oberkommissar Kobbs fiel ihm ins Wort, und zwar sehr scharf. „Mein lieber Herr, wir machen ja nur unsere Arbeit ! Ich verbitte mir, dass jemand daran herummäkelt ! *Wir* sind die Fachleute, und wir wissen schon, was zu tun ist."

„Jawohl, wir sind die Fachleute," echote der junge Mann in der Lederjacke.

„Mund halten, Bichler !" Dabei sah der Herr Kommissar seinen Mitarbeiter gar nicht an. „Sie können davon ausgehen, Herr äh, wie heißen Sie gleich wieder, ach ja, Lindner, also Herr Lindner, Sie können davon ausgehen, dass wir wissen, was wir tun."

Der Bowling-Bahn-Besitzer (im Folgenden der Kürze halber nur noch BBB genannt, oder nein, lassen wir das lieber) also der Bowling-Bahn-Besitzer war am Explodieren.

Sein Kopf leuchtete in der Farbe, die der Herr Oberkommissar auch bei seinem Lieblingswein so schätzte, er wippte noch heftiger mit den Zehen auf und ab und schrie dann : „Zum Teufel noch mal, wenn Sie der Fachmann sind, dann gehen Sie doch endlich auf's Klo !"

Oberkommissar Kobbs drehte sich leicht zu seinem Mitarbeiter um, der sofort zusammenzuckte und sich etwas duckte, zeigte zuerst mit dem Zeigefinger auf den Bowling-Bahn-Besitzer, machte dann mit diesem Finger das Zeichen für ballaballa, das heißt also, er drehte ihn im Kreis vor der Stirn, wandte sich dann wieder zu dem Aufgeregten und sprach in ruhigem, väterlichen Ton.

„Mein lieber Herr, äh, wie heißen Sie doch gleich, ach ja, Lindner, also mein lieber Herr Lindner, falls es Sie nicht stört, ich muss gerade nicht. Also weder pipi noch groß. Macht es ihnen was aus, wenn ich nicht auf's Klo gehe ?"

Nun sah der Kopf des Bowling-Bahn-Besitzers (oder sollten wir doch mit BBB weitermachen ?) also nun sah der Kopf des BBB aus, als wäre er gerade um die Hälfte, na gut, nicht die Hälfte, aber schon wenigstens ein Viertel seiner Größe angeschwollen. Und so dunkelrot, wie er nun leuchtete, so dunkelroten Wein, gibt es den ? Na egal, jedenfalls er explodierte. Nein, nicht der Kopf, sondern der BBB.

Und unter dem Explodieren schrie er, dass - die Fenster waren dummerweise offen - dass die Menschen draußen auf der Straße zusammenzuckten : „Sie können pipi machen, wo Sie wollen ! Von mir aus in die Hose ! Aber gehen Sie endlich auf's Klo, verflucht noch mal ! Dort ist die Leiche !"

Vorwurfsvoll sah der Oberkommissar seinen Mitarbeiter an. „Natürlich, Bichler, Sie haben mir mal wieder nicht Bescheid gegeben. Lassen mich in's offene Messer rennen ! Wenn ich gewusst hätte, dass die Leiche auf dem Klo ....."

Wieder vorwurfsvoll schüttelte er den Kopf, murmelte : „Mit unfähigen Mitarbeitern arbeiten." und ging zur Klotür und öffnete sie.

„Nein !" schrie der Bowling-Bahn-Besitzer, scheinbar war die Explosion noch nicht ganz am Ende. „Nein, Sie Esel ! Nicht da !"

Beleidigt hielt Oberkommissar Kobbs inne, drehte sich halb um, wobei er die Klinke der Klotür nicht losließ und antwortete, aber keineswegs mehr in väterlichem Ton : „Also doch ballaballa. Erst soll ich in's Klo, weil da die Leiche ist, und jetzt wieder nicht. Was wäre Ihnen denn recht, Herr äh, wie heißen Sie doch gleich, ach ja, Lindner, also was wäre Ihnen denn genehm, dass ich hingehe, werter Herr Lindner ?"

„Genehm wäre mir, wenn Sie zum Teufel gehen !" schrie der BBB. „Auf alle Fälle nicht ins Herren-Klo ! Die Leiche ist dort drüben, nächste Tür, im Damen-Klo !"

„Natürlich, Bichler, Sie haben mir wieder nicht rechtzeitig Bescheid gegeben," sagte Herr Kobbs in erneut vorwurfsvollem Ton. „Wenn mir niemand was sagt, kann ich auch nicht wissen, wo die Leiche ist. Sie kann ja auch unter einem Haufen Kegel liegen."

„Das heißt nicht Kegel, das heißt auf einer Bowling-Bahn Pins !" schrie der BBB, nein, er schrie eigentlich nicht mehr, irgendwie war die Explosion am Ausglühen, er gurgelte die Worte. „Wenn ich das Wort Kegel höre, flipp ich aus ! Das sind Pins !"

Oberkommissar Kobbs beugte sich leicht zu seinem Mitarbeiter, der nun dicht neben ihm stand und flüsterte ihm zu : „Hab' ich doch recht gehabt. Der Mann ist ballaballa ! Pins ! So ein Quatsch. Ein Pin, das ist so zum Beispiel so was wie die Geheimzahl für meine Kreditkarte. Pin ! Ballaballa !"

„Ja, genau, oder wie ein Zugangscode beim Computer," bestätigte der Kriminalobermeister.

„Mund halten, Bichler !" sagte Oberkommissar Kobbs, während er auf die Damentoilette zuging. An der Tür blieb er stehen, zeigte mit dem Finger auf die kleine Tafel mit der Aufschrift ‚Damen-WC', reckte den Daumen der rechten Hand in die Höhe, öffnete vorsichtig die Tür und betrat den Tatort.

Dienstag

Bereits am nächsten Tag, am Dienstag, musste Kriminaloberkommissar Wernfried L. Kobbs erneut zur Bowlingbahn.

Der Vorteil dabei war, dass er sich nicht noch einmal nach der Fahrtroute erkundigen musste.

Der Nachteil war, dass dort wieder eine Leiche lag.

Mit dem selben Mitarbeiter wie gestern, am Montag, betrat der Kommissar den Vorraum der Bowlingbahn, ging bis zum Counter, wich dann aber in einem Bogen aus - er hatte gesehen, dass der BBB hinter der Theke stand - und ging zur Toilette.

„Wo gehen Sie hin, Herr Kommissar ?" rief ihm der BBB nach.

„Oberkommissar, Oberkommissar," verbesserte ihn der Angesprochene. „Wo wird' ich schon hingehen ? Auf's

Damen-Klo natürlich. Uns wurde gemeldet, Sie hätten hier wieder eine Leiche."

Der BBB schien trotz der erneuten Leiche erstaunlich ruhig zu sein. „Aber die ist doch nicht auf dem Klo !"

„Ach ?" Der Kommissar erstarrte unterm Gehen. „Nicht auf dem Klo ? Sie haben sie doch nicht etwa angefasst und weggeräumt ? Wissen Sie, damit erschweren Sie die polizeiliche Ermittlungsarbeit ...."

„Niemand hat die Leiche angefasst !" schrie nun der BBB. Offenbar war er doch leicht aus der Ruhe zu bringen. „Niemand mischt sich in Ihre Ermittlungsarbeit ! Aber die Leiche ist nicht auf dem Klo !"

„Nicht auf dem Klo ?" wunderte sich der Kommissar. „Nicht auf dem Klo ? Aber gestern....."

Er sprach nicht weiter, denn er registrierte erstaunt, dass nicht nur der Kopf des BBB schon wieder begann, anzuschwellen, sondern auch die Haut desselben kräftige Rotweinfarbe annahm.

Er beugte sich wieder zu seinem Mitarbeiter und flüsterte : „Vielleicht ist er ja nicht ballaballa, vielleicht hat er ganz einfach Ärger mit seinem Blutdruck. Schauen Sie sich bloß mal an, wie schnell der die Farbe wechselt, wenn er mit uns redet."

Dann stutzte er, überlegte kurz und flüsterte noch leiser : „Bichler, beobachten Sie den Kerl ! Ich könnte mir denken, dass es weder ballballa noch der Blutdruck ist. Vielleicht ist er ......"

„Der Mörder ?" fragte Kriminalobermeister Bichler laut.

„Mund halten, Bichler !" zischte sein Vorgesetzter, wandte sich an den BBB und sagte in betont lässigem Ton: „Wieso ist die Leiche nicht auf dem Klo ?"

Der BBB schnaufte, als ob er alle Hoffnung fahren lassen müsste (bitte lesen Sie nicht so flüchtig, hier steht nicht ,als ob er einen fahren lassen müsste') und antwortete in gezwungen ruhigen Worten : „Dieses Mal handelt es sich nicht um eine weibliche Leiche, sondern um einen Mann. Was weiß ich, aber vielleicht ist die Leiche aus eben diesem Grund nicht auf der Damen-Toilette."

Der Oberkommissar setzte sich wieder in Bewegung, erstarrte aber, als er die Klinke zum Herren-WC niederdrücken wollte und ihn der Schrei des BBB erreichte.

„Wo zum Teufel gehen Sie hin ?"

Ruhig bleiben, Wernfried, ruhig bleiben, dachte sich der Kommissar, ob ballaballa oder Bluthochdruck oder Mörder, ruhig und sachlich bleiben. Kein guter Beamter gibt sich eine Blöße, also ruhig bleiben.

Laut sagte er : „Also wir haben bereits festgestellt, dass die Leiche nicht auf dem Damenklo ist, werter Herr, wie war gleich Ihr Name, ach ja, Lindner, also, werter Herr Lindner, was ficht Sie diesmal an ? Sie selber haben vor nicht einmal zwei Minuten zu mir," er drehte sich zu seinem Mitarbeiter um, „nicht wahr Bichler, hat er gesagt, also Sie selbst haben mir gesagt, dass es diesmal eine männliche Leiche ist. Was ist dann daran falsch, dass ich," er zeigte auf das Schild ‚WC-Herren', „dass ich mich dann hier hinein begebe ?"

Erstaunlicherweise schien der BBB heute nicht zu explodieren, trotz angeschwollenem oder rotem Kopf, vielmehr sah es tatsächlich so aus, als wenn aus ihm die Luft herausginge wie aus einer Luftmatratze, in die man ein Loch hineingeschnitten hat.

Er stützte sich mit beiden Ellebogen auf die Countertheke und sagte : „Meinen Informationen nach geht eine Leiche nur sehr selten zum Pinkeln. Meist bleiben sie dort, wo sie sind."

Oberkommissar Kobbs beugte sich zu seinem Mitarbeiter, ließ den Zeigefinger wie schon einmal vor dem Kopf kreisen und flüsterte : „Entweder sehr geschickt oder doch ballaballa. Ich versteh' nicht die Bohne. Was will der Kerl ?"

„Herr Oberkommissar," flüsterte Obermeister Bichler zurück, „vielleicht ist die Leiche nicht auf dem Herrenklo."

„Nicht ?" Kommissar Kobbs schüttelte den Kopf. „Was redet der dann dauernd von männlicher Leiche ?"

Er drehte sich vollends um und sagte zum BBB : „Wo ist denn nun die Leiche ? Wissen Sie, Herr äh, wie war doch Ihr Name, ja so, Lindner, ja, also Herr Lindner, wir haben ja nicht den ganzen Tag Zeit, wenn Sie uns jetzt bitte freundlicherweise den Tatort zeigen würden ?"

„Jawohl," setzte Kriminalobermeister Bichler hinzu, „wir stecken bis zum Hals in Arbeit."

„Mund halten, Bichler," sagte Kommissar Kobbs und sah in die Richtung, in die der rechte Arm des BBB zeigte, mit dem linken Arm stützte er sich nach wie vor auf der Theke auf, so, als hätte er Angst, umzukippen.

„Aha, dort," murmelte der Kommissar, ging zur Terrassentür, stolperte über die Türschwelle und fiel genau neben die Leiche.

„Mund halten, Bichler !" fauchte er, bevor dieser ein Wort sagen konnte.

Dann richtete er sich nicht ganz auf, sondern blieb auf Knien neben der Leiche.

„Wie gestern !" rief er überrascht. „Ganz genau wie gestern ! Der Kopf ist mit einem schweren Gegenstand eingeschlagen worden ! Wie bei der Leiche gestern !"

„Und zwar," setzte er fachmännisch hinzu, als er den Kopf der Leiche genau untersuchte, „und zwar mit einem stumpfen Gegenstand. Könnte eine Keule gewesen sein. Aber Keulen," er lachte, „Keulen gab's in der Steinzeit. Und so lange liegt die Leiche sicher noch nicht hier."

„Nein," bestätigte Kriminalobermeister Bichler, „Keulen gibt's keine mehr. Ich hatte vorigen Fasching mal eine, die war zum Aufblasen, aber mit der ....."

„Mund halten, Bichler !" raunzte der Oberkommissar und betrachtete nochmals die Wunde am Kopf. „Es muss aber so was ähnliches wie eine Keule gewesen sein. Bichler, schaun Sie sich doch mal drinnen um, ob's nicht doch irgendetwas gibt, was in Frage kommt ! Rasch, machen Sie vorwärts !"

Bichler verschwand im Gebäude. Gleich rechts neben der Terrassentür ging es zur Küche, hier wollte er sich als erstes umsehen. Schließlich war ja auch die Nähe der Küche zum Tatort einigermaßen verdächtig.

Kaum hatte er die Küche betreten, schlug ihm ein angenehmer Duft entgegen. Und dieser Duft erinnerte ihn plötzlich daran, dass er heute noch gar nicht zum Brotzeitmachen gekommen war.

Bertl, der gerade am Backofen hantierte, bemerkte den sehnsüchtigen Blick des Kriminalobermeisters.

„Bist aa nix zum Neid'n mit dein Chef," brummte er freundlich, „mogst wos von der Pizza ?"

Die Augen Bichlers leuchteten auf. Verlegen meinte er : „Ja, also, ich hätt schon Hunger," schnell verbesserte er sich, „zumindest Appetit, ja, Pizza ess ich eigentlich gern."

„Na sitz di do her," beschied ihm Bertl, „da host a hoibe. Aba schick di, bevor dei depperter Chef wieda neikummt."

Dankbar nahm Bichler Platz und ließ es sich schmecken. Als der laute Schrei ‚Bichler !" ertönte, schob er gerade den letzten Bissen Pizza in den Mund, sprang auf, wischte sich den Mund mit dem Ärmel ab und stürmte zur Küche hinaus.

An der Terrassentür stolperte er wie vorher sein Vorgesetzter über die Schwelle und fiel diesem in den Arm.

„Jawohl," meinte dieser zufrieden, „das ist Arbeitseinsatz. Immer flott, dann ist's richtig. Und wie schaut's da drin jetzt aus mit keulenartigen Sachen ?"

„Leider, Herr Oberkommissar, leider nichts gefunden," bedauerte Bichler, „mir ist nichts aufgefallen, was nach einer Tatwaffe ausgesehen hätte."

„Nichts ?" brummte Kriminaloberkommissar Kobbs. „Na ja, eigentlich hab' ich auch nichts erwartet. Dass ein Täter die Tatwaffe herumliegen lässt, ist ja auch zu selten. Aber sagen Sie mal, Bichler," er schnupperte, „finden Sie nicht auch, dass es hier nach Pizza riecht ?"

„Wie, Pizza ?" stammelte dieser, „ach ja, doch, Herr Oberkommissar, dort drüben in der Küche wird gerade Pizza hergerichtet."

„Drum," nickte Kommissar Kobbs, „drum. Auf meine Nase kann ich mich doch verlassen. Schade, dass wir keine Zeit haben, eine halbe Pizza wäre jetzt nicht schlecht. Na, vielleicht ein andermal."

Mittwoch

Dieses ‚ein andermal' war sofort am Tag darauf, also am Mittwoch.

Doch leider ging es nicht um's Pizzaessen, sondern schon wieder um eine Leiche.

Vorsichtig betrat Oberkommissar Kobbs die Halle der Bowlingbahn, wobei er seinen Mitarbeiter hinter sich her winkte, schaute sich nach links und rechts um, schritt dann bis zur Mitte der Halle und blieb dort stehen.

Der BBB, der wie gestern hinter der Countertheke stand, starrte ihn an.

Eine Weile war es ruhig, niemand sagte etwas. Schließlich räusperte sich der BBB und fragte : „Herr Kommissar, was wollen Sie mitten im Raum ?"

„Ja, mein lieber, äh, wie heißen Sie doch, ach ja ja, ich weiß schon, lieber Herr Lindner," antwortete der Kommissar sehr ruhig, aber mit pfiffigem Unterton, „nachdem ich nur weiß, dass es eine dritte Leiche gibt, ich nicht wissen kann, ob männlich oder weiblich und schon gar nicht, wo dieselbe ist, verbleibe ich bis zu einer Auskunft Ihrerseits bezüglich des tatsächlichen Tatortes beziehungsweise Fundstelle der oben genannten Leiche, wobei, nicht wahr, Bichler ?" er nickte seinem Mitarbeiter zu, „wobei Tatort und Fundstelle nicht zwangsläufig identisch sein müssen, aber das nur nebenbei bemerkt, also verbleibe ich hier bis ich eine informativ als gültig zu bewertende Aussage Ihrerseits erhalten habe, an diesem neutralen und damit nicht neuralgischen Punkt."

Der BBB starrte ihn weiter an, schluckte ein paar Mal und sagte kein Wort.

Oberkommissar Kobbs beugte sich etwas zu seinem neben ihm stehenden Mitarbeiter und flüsterte : „Ich werd' einfach nicht schlau aus dem Kerl. Mal kommt er mir wirklich nur ballaballa vor und dann wieder ganz gerissen. Vielleicht ist er ja doch ....?"

„Der Mörder ?" rief Obermeister Bichler laut aus.

„Mund halten, Bichler !" schimpfte sein Vorgesetzter.

„Also bitte," sagte er langsam und überdeutlich zum BBB, „ich bitte mir zu sagen, wo finde ich die Leiche ?"

Der BBB schluckte noch einmal. Dann sagte er genauso langsam und deutlich : „Zwei Meter hinter Ihnen."

Der Oberkommissar fuhr herum. Und jetzt sah er, was ihm vorher nicht aufgefallen war. Nach zwei Stufen

Erhöhung standen verschiedene Tischchen, an denen Lämpchen leuchteten, und daneben waren jeweils Dreierreihen grauer Plastikstühle. Und auf einem dieser Stühle saß jemand, in sich zusammengesunken.

Als er vorsichtig näher trat, erkannte er, dass es ein Mann war. Mit einer Handbewegung winkte er seinen Mitarbeiter zu sich heran.

„Sehen Sie mal, Bichler," sagte er leise zum Kriminalobermeister, „die haben hier ja Nerven ! Der Tote hat einen Strauß Rosen in der Hand."

Dann wandte er sich Richtung Counter und rief dem BBB zu : „Hatte es hier jemand voreilig mit der Beileidsbekundung ? Wieso haben Sie dem Toten Rosen in die Hand gedrückt ?"

Der BBB knurrte leise seinem Mechaniker Andi, der neben ihm stand, zu : „Ich bring den Idioten um. Entweder ich gehe oder ich bring den Idioten um."

Und laut rief er dem Kommissar zu : „Ob Sie's glauben oder nicht, der Tote hatte die Rosen schon in der Hand, als wir ihn gefunden haben. Wahrscheinlich stirbt es sich mit Blumen schöner."

Oberkommissar Kobbs beugte sich zu seinem Mitarbeiter und flüsterte, wobei er wieder den

Zeigefinger vor dem Hirn kreisen ließ : „Glauben Sie einem erfahrenen Kriminaler, das ist sicher, der scheidet als Mörder aus, der ist einfach ballaballa. Wenn er der Mörder wäre, dann würde er nicht so albern daherreden und auf sich aufmerksam machen. Nein, der ist sicher nicht der Mörder."

„Ganz meine Meinung, Chef, ganz meine Meinung," nickte der Kriminalobermeister mit dem Kopf.

„Mund halten, Bichler !" sagte Kobbs und drehte sich zur Leiche. Als er sich über den Kopf beugte, zuckte er zusammen. Dann richtete er sich auf, stemmte die Hände in die Seite, sah sich um, flüsterte : „Los, mitkommen, Bichler !" und ging mit energischen Schritten zur Counter-Theke.

„Wie gestern ! Und genau wie vorgestern ! Mit einer Keule erschlagen ! Sagen Sie, werter Herr, äh, wie war gleich Ihr Name, äh, Moment, nichts sagen, mir fällt's gleich selber ein, ach ja, Lindner, sagen Sie, werter Herr Lindner, kommt Ihnen das nicht komisch vor, dass alle drei mit derselben Keule umgebracht worden sind ? Und dass mein Mitarbeiter trotzdem hier nirgendwo eine solche Keule findet ?"

„Das ist doch nicht mein Bier," antwortete der BBB und hatte sichtlich schon wieder Schwierigkeiten mit seinem Blutdruck, „mich stört vor allem, dass ich schon zum dritten Mal die Bahn erst später aufsperren kann. Wer ersetzt mir denn den Verdienstausfall ? Was meinen Sie, wie froh ich wäre, wenn Sie Ihre Keule und den Mörder endlich finden würden !"

„Keine Sorge, keine Sorge," winkte Oberkommissar Kobbs ab, „wir finden beides, das verspreche ich Ihnen. Wir sind schließlich die Fachleute."

„Jawohl, die sind wir. Wir sind vom Fach, " fügte sein Mitarbeiter hinzu.

„Mund halten, Bichler !" Dann wandte er sich wieder zum BBB. „So leid es mir tut, aber heute wird es sicher etwas später. Wir müssen die ganze Bahn absuchen, irgendwo muss die Tatwaffe ja sein."

„Chef," sagte Andi, der Mechaniker, zum BBB, „soll ich den Pin jetzt wegwerfen ?"

Der BBB, der in Gedanken noch beim Oberkommissar war, fragte etwas unfreundlich : „Welchen Pin denn ?"

„Na der," antwortete Andi, „der da rumgelegen ist."

„Ach der," der BBB überlegte kurz, „nein, zum Wegwerfen ist der noch zu schade. Das Beste ist, du putzt ihn ordentlich, und dann schenken wir ihn beim nächsten Kindergeburtstag dem Geburtstagskind. Die Kinder sind doch immer scharf auf so was."

„Also zur Sache wieder," meinte der Kommissar ungeduldig, „es wird heute also etwas länger dauern. Wir hören heute nicht auf, bis wir die Mordwaffe gefunden haben."

Donnerstag

Die Polizeidirektion Rosenheim hätte sich Benzinkosten sparen können, wenn Oberkommissar Kobbs gleich auf der Bowlingbahn übernachtet hätte. Aber im Nachhinein weiß man ja immer alles besser.

Eine Mordwaffe hatte er nicht gefunden, dafür erfuhr er am Donnerstag von der nächsten Leiche.

Um überflüssigem Gerede aus dem Weg zu gehen, blieb er zunächst im Auto sitzen und schickte erst einmal seinen Untergebenen Bichler hinauf in den zweiten Stock, wo die Bowlingbahn war.

Über solche Gelegenheiten freute sich der Kriminalobermeister, denn er war ein überzeugter Treppenläufer. Also das ist nicht zu verwechseln mit einem eventuell handgewebten Läufer, der ein schönes

Muster oder auch nur einfarbig und auf der Treppe ausgelegt war, um dieselbe rutschfest oder wärmer oder was auch immer zu machen. Obermeister Bichler hatte es nicht nötig, ein schönes Muster aufzuweisen, einfarbig war er auch nicht und handgewebt sowieso nicht. Er war nur überzeugt davon, dass er seine Gesundheit und Fitness fördere, wenn er Treppen nicht normal hinaufstieg, sondern im Eiltempo hinaufstürmte. Die Idee zu dieser grandiosen Ertüchtigungstechnik war ihm gekommen beim Anschauen des uralten Filmes *„Arsen und Spitzenhäubchen"*, den ihm sein Chef empfohlen hatte zwecks Studium krimineller Charaktäre. Solche hatte er zwar in diesem uralten Hollywood-Streifen weniger gefunden, eher waren die Figuren so ballaballa, um es in Worten seines Chefs auszudrücken, aber der eine, der sich für Teddy Roosevelt hielt, war auch immer die Treppe hinaufgestürmt. Was der Kriminalobermeister nicht dabei machte, war der Ruf, den der Schauspieler stets dabei ausstieß. Obermeister Bichler wollte diesen Schrei lieber weglassen, um eventuell entgegenkommende Mitmenschen nicht zu erschrecken. Man sieht also, er war eigentlich von Grund auf eine einfühlsame Natur.

Er spähte durch die Glastür, sah aber vom Bowling-Bahn-Besitzer nichts. Am Counter stand eine junge Blondine, die ihm auf Anhieb gefiel. Einen Moment lang träumte er davon, wie es wäre, wenn er ihr imponieren könnte dadurch, dass er mit gezogenem Revolver durch das Glas springen würde mit dem Ruf : „Polizei !", aber dann stellte er sich mutig der Realität. Wie jeder normale Mensch öffnete er die Glastür, wobei er bereits beim zweiten Anlauf feststellte, dass sie nicht nach innen, sondern nach außen öffnete - dummerweise schlug er sich beim ersten Versuch den Kopf am Glas an, aber vielleicht hatte die Blondine das ja nicht bemerkt - und ging mit festem Schritt zur Theke.

„Pichler, Bolizei," versprach er sich beim Vorstellen vor Aufregung, denn von Nahem sah die Blondine noch besser aus. „Ist der Herr Lindner nicht da ?"

Die Blondine, es war Veronika, lächelte ihn an. „Nein, dem ist die ganze Aufregung auf den Magen geschlagen. Heute halte ich hier die Stellung."

„Welche Stellung ?" fragte der Kriminalobermeister verblüfft. Dann wurde er rot.

Veronika sah es und lächelte ihn wieder an. „Ich bin heute praktisch die Chefin hier. Wollen Sie eine Bahn reservieren lassen ? Allerdings öffnen wir heute etwas später."

„Ach so, ja, später," stammelte Obermeister Pichler, pardon Bichler, „ja dann komme ich später noch mal wieder."

Er wandte sich zur Tür, stoppte aber schon nach zwei Schritten, drehte sich wieder um und sagte verlegen : „Nein, also, ich kann nichts reservieren, ich hab in meinem Leben ja noch nie Bowling gemacht. Ich bin ja eigentlich wegen der Leiche hier."

„Ja klar, deswegen haben Sie vorher Polizei gesagt," erwiderte Veronika, „ich verstehe, Sie wollen die Leiche sehen. Schauen Sie, die liegt dort drüben in dem Kammerl. Das ist unsere Werkstatt. Kommen Sie !"

Veronika ging voraus bis zur Tür der Werkstatt. Als sie die Türe geöffnet hatte und sich umdrehte, merkte sie erstaunt, dass sie allein war. Im selben Moment schloss sich die Glastür mit einem satten Blubbs.

Nach zwei, drei Minuten ging die Glastüre wieder auf und herein kam wieder Obermeister Bichler, aber erst ein Stück hinter einem Herrn, den Veronika nicht kannte.

„Kriminaloberkommissar Kobbs," stellte er sich vor, „der Tote liegt also in der Werkstatt."

Überrumpelungstaktik nennt man das, hatte er unten seinem Mitarbeiter erklärt. Wenn man jemanden mit Tatsachen anspricht, zeigt sich meist rasch, ob derjenige mit in die Geschichte verwickelt ist. Oder nicht. Und tatsächlich bemerkte er mit Genugtuung, dass er mit seinen Worten die blonde junge Frau verunsichert hatte.

„Wie, wieso der Tote?" fragte sie verdattert.

Und wenn man einen Verdächtigen verunsichert hat, dann heißt es sofort nachsetzen, auch das hatte er Bichler erklärt. Und das tat Oberkommissar Kobbs denn auch sofort.

„Wollen Sie behaupten, der Tote lebt noch?" fragte er scharf und sah der jungen Frau fest in die Augen.

„Nein, keine Spur," antwortete Veronika, „will ich nicht. Aber die Leiche in der Werkstatt, das ist eine Frau."

Jetzt war Kriminaloberkommissar Kobbs selbst verunsichert.

„Eine Frau? Wieso dann in der Werkstatt?"

„Hchm hchm," räusperte sich der Kriminalobermeister, „Chef, auch Frauen können doch mal in der Werkstatt sein."

„Mund halten, Bichler!" sagte sein Chef, allerdings nicht allzu streng, da er noch am Überlegen war, und auch nicht allzu laut, so dass der Kriminalobermeister im

Stillen hoffte, die Blondine hätte es vielleicht gar nicht gehört.

„Wo ist die Werkstatt ?" fragte er und schaute in die Richtung, die Veronika mit der Hand wies. Dann ging er darauf zu und beugte sich dabei etwas zu seinem Mitarbeiter : „Glauben Sie einem altgedienten Polizisten, Bichler. Ich wette, die Leiche wurde wieder mit einer Keule erschlagen."

Und dem war so, und dem war nicht so. Recht hatte der Kriminaloberkommissar mit der Vermutung nach einer zumindest keulenartigen Tatwaffe - die natürlich wieder nicht zu finden war -, aber unrecht hatte er mit dem zweiten Teil seiner Vorhersage. Die Frau war nämlich noch zu Lebzeiten ermordet worden.

Freitag

Hätte der BBB zuschauen können, was Kriminaloberkommissar Kobbs in der Nacht von Donnerstag auf Freitag träumte, er hätte nichts als Wutanfälle bekommen.

In den Träumen tanzten Kegel über Kegel herum, als ob sie den armen Kommissar ärgern und tratzen wollten. Der warf sich hin und her und stöhnte.

Zur Verteidigung der Träume muss aber angemerkt werden, sie konnten ja gar nicht anders. Sie mussten den Herrn Kobbs ja von Kegeln - wie unpassend auch immer diese Bezeichnung auf einer Bowlingbahn wäre - träumen lassen, denn wären Pins im Traum herumgeschwirrt, dann wären das für ihn ja nur lauter Zahlen gewesen. Also blieben nur die Kegel.

Und hätte der Herr Oberkommissar zuschauen können bei den Träumen seines Mitarbeiters in der Nacht von Donnerstag auf Freitag, er wäre rot geworden wie der BBB am Dienstag. Oder war's am Montag ? Veronika übrigens auch.

Trotz der unterschiedlichen Träume fanden sich die beiden am Freitag wieder in der Bowlingbahn ein. Kriminaloberkommissar stieg etwas widerwillig die Stufen bis in den zweiten Stock hoch. Sein Untergebener musste, obwohl er dies nicht als fitness- und gesundheitsförderlich erachtete, ebenfalls langsam Stufe für Stufe hinaufsteigen, da er ja seinen Chef nicht gut überholen konnte. Doch dafür tröstete er sich mit der Erwartung, heute wieder oben die Blondine anzutreffen.

„Bichler !" sagte der Herr Kommissar, „Bichler, ist Ihnen aufgefallen, dass gestern der Herr, wie heißt er denn nun, ach so, ja, ich weiß ja, Lindner, also haben Sie gestern sein Fehlen bemerkt ?"

Ohne eine Antwort abzuwarten fuhr er fort : „Ich sage Ihnen, Bichler, ich sage Ihnen als erfahrener Polizeibeamter, dass dieser Herr, wenn er heute wieder nicht da sein sollte, als einziger als Mörder in Frage kommt. Das ist typisch für Leute, die was zu verbergen haben, wenn sie nicht mehr zum Tatort kommen. Verlassen Sie sich auf meine Nase, ich sage Ihnen, der ist der Mörder. Wenn er nämlich nicht da ist, wird er schon wissen, warum."

Kriminalobermeister Bichler seufzte. Er hatte gar nicht zugehört, denn er dachte an ....

„Ist Ihnen nicht gut ?" fragte der Kommissar väterlich. „Macht Ihnen der Aufstieg in den zweiten Stock zu schaffen ? Kein Schmackes mehr, die jungen Leute heute, was ? Aber keine Angst, ich bin ja bei Ihnen. Und außerdem sind wir schon da."

Dabei sah er mitfühlend nach hinten zu seinem Mitarbeiter und prallte an die Glastür, dass es krachte. Schnell riss er sie auf, bevor Bichler danach fragen konnte, ob er sich weh getan habe, und trat raschen Schrittes ein.

Mit einem Blick übersah er die Lage. Die Leiche lag in eigenartiger Haltung vor der Bar. Sonst war niemand zu sehen. Mit vier großen Schritten war er am Tatort, kniete sich nieder und besah sich den Hinterkopf. Schon unter dem Gehen hätte er jede Wette abgeschlossen, dass der oder die Tote wiederum mit einer Keule niedergeschlagen worden war.

In dem Augenblick, in dem der Kommissar den Hinterkopf der Leiche untersuchen wollte, richtete sich diese auf und sagte laut : „Öha !"

„Aaaaaaaaah," schrie der Kriminaloberkommissar vor Schreck auf, langte sich an's Herz und kippte nach hinten um. Das war keineswegs unpassend, denn der beigefarbene Mantel des Kommissars passte nicht schlecht zur Farbe des Teppichbodens.

„Öha !" sagte Bertl noch einmal triumphierend und hielt das Zwei-Euro-Stück in die Höhe, das ihm vorhin unter die Bar gekullert war.

Er schaute erstaunt auf den daliegenden Kommissar, schüttelte den Kopf und verschwand in seiner Küche.

Kriminalobermeister Bichler stand unentschlossen da. Er konnte sich nicht entscheiden. Sollte er zu Veronika hingehen, die gerade aus dem Büro gelaufen gekommen war, da sie den unmenschlichen Schrei gehört hatte, oder sollte er sich um seinen Vorgesetzten kümmern ? Sein Gehirn arbeitete so schnell wie noch nie. Er erinnerte sich an die Worte, die seine Mutter immer gesagt hatte : ‚Wer schläft, sündigt nicht' und entschied sich für die Blondine.

„Was macht denn Ihr Chef da auf dem Boden ?" fragte Veronika erstaunt.

Kriminalobermeister Bichler winkte ab. „Manchmal ist er ganz nett zu mir. So wie jetzt zum Beispiel. Ich glaube, er will uns nicht stören."

Er sah Veronika etwas verlegen an. „Ich wollte Sie nämlich, also nur wenn es Sie nicht stört, dann würde ich gern, ich meine, falls Sie nichts dagegen haben, dann könnte ich mir vorstellen, und natürlich nur, wenn Sie auch wollen ....."

Veronika lachte. „Das klingt, als ob Sie mich verhören wollen."

„Ja," gab Obermeister Bichler zu, „ja, würde ich gerne. Nein, nein, Schmarrn, was ich will, ist..." Er nahm allen Mut zusammen. „Ich würde Sie gerne mal einladen. Zum Essen gehen oder vielleicht zum Tanzen oder einfach nur zum Spazierengehen oder..."

„Genügt mir, diese Auswahl," fiel Veronika ihm ins Wort. „Ich werd' mir's überlegen. Muss vielleicht nicht gerade heute sein, Sie kommen ja noch öfter her."

Erschrocken hielt sie sich den Mund zu.

Doch Kriminalobermeister Bichler war viel zu glücklich, um sich über Gesagtes Gedanken zu machen. „Sie sagen nicht nein ? Oh, das freut mich aber. Sie müssen wissen, privat, also ich meine ohne meinen Chef, da bin ich eigentlich ein lustiger Vogel. Durch meinen Beruf habe ich halt keine Freunde und auch kaum Gelegenheit ....."

Ein zweites, lautes „Aaaaaaaaaah", das durch den Raum schrillte, unterbrach den Beginn einer vielversprechenden Romanze. (Ob der werte Leser je erfahren wird, wie diese Romanze ausgeht, kann ich nicht versprechen, da ich mit Liebesromanen noch nicht so viel Erfahrung habe. Obwohl, wenn ich überlege, guter Stoff wäre ja vorhanden, also hier die gut aussehende Blondine und dazu der tüchtige Kriminalobermeister. Vielleicht noch ein Schuss Tragik dazu, wenn sich nach der Verlobung herausstellt ...... Stopp ! Halt ! Wir können doch den unmenschlichen Schrei nicht ewig weiterhallen lassen. Ich muss schon sagen, ihr Leser bringt mich immer auf die dümmsten Gedanken.)

Herr Oberkommissar Kobbs hatte sich aufgerichtet, fasste sich immer noch ans Herz und rief : „Die Leiche !

Die Leiche ! Zuerst hat sie sich bewegt, und jetzt ist sie weg !"

„Die Leiche ist weg ?" fragte Veronika verblüfft. „Wieso ist die Leiche weg ?"

Der Kommissar zeigte anklagend auf den Boden vor der Bar. „Sie ist weg ! Hier war sie gelegen, mit meinen eigen Augen hab ich's gesehen ! Und dann hat sie sich bewegt, und jetzt ist sie weg !"

Veronika schüttelte den Kopf. Sie verstand den Kommissar nicht ganz. Sie drehte ihm den Rücken zu, sah den glücklich lächelnden Kriminalobermeister an und deutete fragend mit einer Kreisbewegung des Zeigefingers vor dem Hirn etwas an, das man vielleicht mit ballaballa übersetzen könnte.

Der glückliche Bichler, der an ganz etwas anderes dachte, nickte.

Veronika nickte daraufhin auch verstehend, drehte sich zum Kommissar um und sagte : „Lieber Herr Kommissar, dort an der Bar lag noch nie eine Leiche. Die liegt im Kühlraum."

„Im Kühlraum ?" Er starrte Veronika an, dann den Boden vor der Bar, dann wieder Veronika.

Ruhe, Wernfried, Ruhe, mahnte er sich selbst. Einen guten Polizeibeamten kann nichts erschüttern, auch nicht die schlimmste Ungereimtheit. Ein guter Beamter gibt sich keine Blöße. Gehen wir also in den Kühlraum.

Um zu zeigen, dass er alles im Griff hatte, sagte der Oberkommissar schroff zu Veronika : „Ihnen ist klar, dass wir es hier allmählich mit einer ganzen Mord-Serie zu tun haben ? Von jetzt ab ist die Geschichte keineswegs mehr lustig ! Stellen Sie sich vor, das ginge so weiter bis Sonntag !"

Er riss mit einem Ruck die Tür zum Kühlraum auf, stapfte hinein, sah die Leiche eines Mannes am Boden und beugte sich darüber. In diesem Moment fiel die Türe der Kühlung zu, da eine eingebaute Automatik verhindern sollte, dass jemand diese offen stehen ließ. Im selben Augenblick wurde es natürlich auch dunkel, denn zum einen besitzt ein solcher Raum keine Fenster, die ja auch keinerlei Sinn hätten, denn welcher Volltrottel würde sich jemals in einen Kühlraum stellen und zum Spaß durchs Fenster nach draußen schauen, und zum andern war der Stromkreis des Lichtes bei Schließen der Türe automatisch unterbrochen. Kurz und gut, Oberkommissar Kobbs war allein mit einer Leiche im Dunkeln.

Keine Panik, Wernfried, dachte der Kommissar, keine Panik. Du bist nur im Dunkeln mit einer Leiche allein. Kein Grund zur Panik, ein guter Beamter lässt sich von so was nicht beeindrucken. Mein Gott, was ist das schon, Dunkelheit und eine Leiche. Die rührt sich nicht mehr.

Die rührt sich nicht mehr ? Aber vorhin .....

„Aaaaaaaaaaah," schrie der Kommissar und klammerte sich am nächsten festen Gegenstand, einer eiskalten Druckluftflasche fest, eiskalt wie eine Leiche.

Wie eine Leiche ? „Aaaaaaaaaaaaaah," schrie der Kommissar immer noch mit geschlossenen Augen, als sein Mitarbeiter neben ihm stand, während Veronika die Tür aufhielt.

„Kommen Sie raus, Herr Oberkommissar," sagte mitfühlend der Kriminalobermeister Bichler, „kommen Sie raus und setzen Sie sich erst mal hin."

„Aber nicht hier in meiner Küche !" meckerte Bertl, denn außerhalb der Kühlung stand man sofort in derselben. „Nicht hier in meiner Küche ! Hockt's euch draußen irgendwo hin, is mir wurscht, aber garantiert nicht hier !"

Links Bichler, rechts Veronika, so führten sie den offensichtlich arg mitgenommenen Oberkommissar Kobbs zurück in die Bowlingbahn und setzten ihn auf einen Stuhl.

Veronika ging zur Bar, schenkte einen doppelten Cognac ein und brachte ihn zum Kommissar. Der nahm das Glas wortlos und kippte den Inhalt mit einem Schlag hinunter.

Das war ein Fehler. Man könnte jetzt streiten darüber, was ein Fehler war, dass Veronika den Cognac brachte, oder dass der Kommissar denselbigen getrunken hatte. In beiden Fällen jedenfalls käme man zum selben Ergebnis. Es war ein Fehler.

Herr Oberkommissar Kobbs war nämlich ein solider Mensch. Kein leichtfertiger Trunkenbold oder Gelegenheitssäufer. Eher schon ein Gelegenheitsseifer, denn in seinem aufreibenden Beruf kam er nicht immer rechtzeitig dazu, sich zu waschen, aber das nur nebenbei. Weil es für das Folgende unwichtig ist.

Es hat immer alles zwei Seiten. Wäre der Kommissar ein ordentlicher Trunkenbold gewesen, dann hätte ihm so ein doppelter Cognac nichts ausgemacht, es wäre sozusagen nicht außerhalb der Gewohnheit gewesen. Weil er aber eben solide war und sein geliebtes Glas Rotwein nur einmal, ich betone, nur einmal in der Woche, nämlich am Samstag abend zu sich nahm, hatte der Branntwein so seine Wirkung.

Der Herr Kommissar verlor jegliche Freundlichkeit. Er wurde sehr giftig, hinterfotzig, wie man bei uns so schön sagt.

Zuerst schickte er seinen Mitarbeiter weg.

„Bichler, machen Sie, dass Sie in den Kühlraum kommen ! Untersuchen Sie die Leiche ! Ich wette, dass wieder eine Keule oder so was im Spiel war ! Los jetzt, ab, hören Sie schlecht ?"

Und zu Veronika sagte er, wobei er ein Auge versuchte zuzudrücken, was ihm nicht ganz gelang, er sah eher so aus, als wenn er versuche zu schielen, aber na ja, der Alkohol, also er sagte : „Und Sie Fräulein, Sie brauchen gar nicht so scheinheilig zu lächeln. Ich hab' den Verdacht, ihr steckt's hier alle miteinander unter einer Decke ! Aber ich wird' euch ausräuchern. Mit mir nicht ! Ihr alle hier, ihr steckt's mit die ganzen Leichen unter einer Decke ! Wartet's nur, wartet's nur. Mit Wernfried Lancelot Kobbs ist nicht zu spaßen. Ich verhaft' euch mitsamt die Leichen ! Ich bring euch ans Tageslicht und danach ins Gefängnis."

Dann kippte sein Kopf nach vorn auf den Tisch und er begann zu schnarchen. Dabei hätte er ohne weiteres noch Zeit genug gehabt zum Reden, denn Kriminalobermeister Bichler stand in der Küche und begeisterte sich an einer halben Pizza mit Namen ‚Teufelspizza', also vermutlich ziemlich scharf.

Samstag

Ganz genau wusste Oberkommissar Kobbs am Samstag Morgen nicht mehr, was eigentlich mit der Leiche im Kühlraum gewesen war. Hatte er nachgeschaut, ob wiederum eine Keule die Todesursache war ? Er grübelte etwas zwischen Kaffeetasse und Toastbrot hin und her, konnte sich aber nicht erinnern. Komisch.

Aber es war auch nicht notwendig, dass er viel nachdachte. Sein Mitarbeiter klingelte an seiner Wohnungstür und holte ihn ab. Er sagte nur ein einziges Wort : „Bowlingbahn".

„Nicht schon wieder !" stöhnte der Kommissar. Als er im Auto saß und etwas frische Fahrtluft durch das halb offene Fenster wehte, fiel ihm ein, dass er gestern irgendwann irgendwie zu der Meinung gekommen war, es handele sich um eine Komplott. In diesem Falle also ein Mordkomplott.

Wernfried, dachte er bei sich, Wernfried, der Spur gehst du nach.

Und laut sagte er : „Bichler, hab' ich Ihnen schon gesagt, dass es sich hier keinesfalls um einen einzigen Mörder handeln kann ? Lernen Sie was aus meiner Erfahrung. Und denken Sie dran, man soll nie vorschnell urteilen. Da steckt eine Clique dahinter, das steht fest. Ich mach mir da so meine Gedanken, ich sage Ihnen, Bichler, ich mache mir so meine Gedanken."

Und dann standen sie vor verschlossenen Türen. Keine Klingel, kein Hinweis, einfach abgesperrt. Und die Bowling-Bahn war ja im zweiten Stock. Wie also sollte man sich bemerkbar machen ?

Oberkommissar Kobbs rüttelte an der Tür.

„Was denken die sich ? Bestellen uns her, und dann können wir nicht rein ! Soll mich doch ein Besen fressen, wenn da was nicht faul ist !"

„Andersrum, Chef," sagte Kriminalobermeister Bichler, „andersrum."

„Was, andersrum ?" Kobbs war erstaunt. „Gestern ging doch die Tür nach außen auf, also das kann ich mir doch merken, warum sollte sie heute andersrum aufgehen ?"

„Nein, nicht die Tür," antwortete sein Mitarbeiter. „Das Sprichwort heißt andersrum, nicht ‚soll mich der Besen fressen' sondern es heißt ‚ich fresse einen Besen, wenn nicht....."

„Mund halten, Bichler," schnauzte der Kommissar, denn in diesem Augenblick wurde die Tür von innen geöffnet. Veronika war vom zweiten Stock herunter gekommen.

„Ah, guten Morgen, die Herren !" grüßte sie freundlich. „Wollen Sie zuerst mit raufkommen und eine Tasse Kaffee trinken ?"

„Oh ja, sehr gern," sagte Kriminalobermeister Bichler erfreut.

„Auf keinen Fall, wir sind im Dienst," sagte gleichzeitig sein Chef. Und schon stieg er die Treppe nach oben.

„Wo gehen Sie hin, Herr Kommissar ?" rief ihm Veronika nach.

„Wo gehen Sie hin, wo gehen Sie hin," äffte der Kommissar nach, „in diesem Laden werde ich bei jeder Gelegenheit gefragt, wo ich hingehe." Und laut rief er, denn mittlerweile war er schon im ersten Stock angelangt : „Hinauf gehe ich, zur nächsten Leiche. Deswegen bin ich ja schließlich hier."

„Die Leiche liegt aber hier unten," rief Veronika durchs Treppenhaus.

„Bichler !" schrie der Kommissar zornig, „Bichler, wo sind Sie ?"

„Hier unten, Chef !" war die Antwort.

„Warum sagen Sie mir nie rechtzeitig Bescheid ?" Jetzt war der Oberkommissar bereits ziemlich aufgebracht.

„Aber Chef, woher soll ich ..."

„Mund halten, Bichler ! Also dann, Fräulein, wo soll hier die Leiche sein ?"

Er folgte Veronikas ausgestrecktem Zeigefinger, machte zwei Schritte vorwärts und sah, dass hinter dem Lift der Gang einen kleinen Knick machte und unter der Treppe endete. Und hier lag die Leiche.

Und da der Kopf derselben vornübergeneigt war - die Leiche war an die Wand gelehnt - erkannte der Kommissar mit einem Blick die Todesursache.

„Diese verfluchte Keule," murmelte er vor sich hin und ging in die Knie, „diese dreimal verfluchte Keule. Sie muss doch irgendwo hier sein."

Er richtete sich auf und sprach in entschiedenem Ton : „Bichler, diese Keule oder was immer es keulenartiges sein mag, das ist das A und O ! Das Mordwerkzeug muss, ich betone, muss heute gefunden werden ! Und dazu werden wir heute einmal das Einsatzgebiet tauschen.

Heute durchsuche ich die Küche, und Sie, Bichler, übernehmen die Bahnen ! Und ich bitte mir aus, dass Sie die Augen offen halten. Ein Ding, das wie eine Keule aussieht ! Das muss doch zum finden sein !"

Veronika griff ein. „Aber mit den dreckigen Straßenschuhen geht mir niemand auf die frisch geölten Bahnen !"

Kriminalobermeister Bichler wurde ein bisschen rot und ein bisschen verlegen. Er sah hinunter auf seine Schuhe, zögerte etwas und meinte dann : „Ja, also, ich hab' heut früh keine Zeit gehabt zum Putzen. Aber ausziehen möchte ich die Schuhe eigentlich nicht gern."

„Igitt," rief Veronika, „haben Sie etwa Kashaxn ?"

„Wo denken Sie hin, bei mir ist gesundheitlich alles in Ordnung," wehrte Obermeister Bichler ab, „es geht nur um meine Socken. Also die sind, wie soll ich dagen, die erinnern mich immer beim Ausziehen an Emmentaler Käse," er wurde wieder rot und fügte schnell hinzu : „nicht wegen dem Geruch, sondern wegen dem Aussehen."

Veronika lachte. „Na, dann ist's kein Problem. Ich gebe Ihnen Bowling-Leihschuhe, die haben wir in jeder Größe. Leihgebühr ist für Jugendliche einen Euro und für Erwachsene Einsfünfzig."

„Dann nehm ich die für Erwachsene," sagte der Kriminalobermeister und wandte sich an seinen Chef : „Die Einsfünfzig kann ich doch als Unkosten im Dienst verrechnen ?"

Kriminaloberkommissar Kobbs überlegte, aber nicht lange, denn er kannte sich aus. „Das ist Formular DO2B, und zwar in dreifacher Ausführung. Vor allem vergessen Sie nicht wieder wie das letzte Mal, mich unterschreiben zu lassen, verstanden, Bichler ?"

Dann beugte er sich näher zu seinem Untergebenen und flüsterte, während er mit dem Kopf in Richtung Veronika nickte : „Und kontrollieren Sie, ob die die Einsfünfzig in die Kasse eintippt. Denen hier trau ich zu, dass sie nebenbei solche Beträge als Schwarzgeld wegschieben. Wer an Morden beteiligt ist, der macht auch vor Steuerhinterziehung nicht halt."

Fünf Minuten später stand Kriminaloberkommissar Kobbs in der Küche.

„Wos suachstn do ?" raunzte Bertl, der gerade die neu gekauften Vorräte einräumte, misstrauisch. „Etza gibt's no nix zun essn !"

"Mein lieber Herr Koch," meinte der Kommissar mit dienstlicher Miene, „behindern Sie mich nicht an der

Ausübung meiner Pflicht als Kriminalbeamter, der in der unangenehmen, aber durchaus qualifizierten Lage ist, auch einem Mordkomplott nachzuspüren."

„Wos meggst ?" fragte Bert, „es gibt no nix zun essn, host des ned kapiert ? Aa koa Kompott."

Jetzt wurde der Kommissar deutlicher. „Ich bin auf der Suche nach einer Keule. Und da werden auch Sie mich nicht davon abbringen, ich werde die Küche genauestens durchsuchen, bis ich die Keule gefunden habe."

„Ach," fragte Bertl erleichtert, „wenn'st as gfundn hast, dann gehst ?"

„Sehen Sie, sehen Sie," nickte Kommissar Kobbs, „wir verstehen uns. Ganz genau, sobald ich die Keule gefunden habe, habe ich keinen Grund mehr, hier in der Küche zu verweilen."

Bertl räumte weiter ein, zeigte kurz mit dem Daumen über die Schulter, und sagte : „Do drin ! Dritter Kühlschrank von links !"

Oberkommissar zählte die Kühlschränke ab, aha, der hier ist der dritte, riss die Tür auf und rief : „Was ist denn das ?"

Bertl schaute sich kurz um und zuckte mit den Schultern. „Genau vierazwanzig Gänsekeulen, wenn's as genau wissen meggst."

Inzwischen hatte Kriminalobermeister Bichler ein Dienstvergehen begangen. Ein Dienstvergehen übelster Art, das ihn die weitere Karriere kosten könnte. Er war derart leichtfertig mit Staatsgeldern umgegangen, dass es gerechtfertigt gewesen wäre, ihn zum einfachen Kriminalmeister, also ohne Ober, zurückzudegradieren. Oder noch schlimmer, wenn man es ihm vom nächsten Weihnachtsgeld abziehen würde.

Was auch immer an Strafe angemessen und richtig wäre, er hatte schlicht und einfach seine Pflicht gegenüber Geldern aus der Staatskasse grob vernachlässigt. Er hatte nämlich die Leihschuhe sehr wohl bezahlt, sie aber gar nicht angezogen. Er hielt sie nur in der Hand und blieb Schritt und Tritt in Veronikas Nähe.

Richtig selig war er als sich im Gespräch herausstellte, dass sie beide das selbe Hobby hatten, was zwar für einen jungen Mann etwas ungewöhnlich, in diesem Falle aber geradezu ideal war. Beide liebten es, in ihrer Freizeit durch Rosenheims Geschäfte zu wandern und das zu tun, was man früher einkaufen nannte und heute auf neudeutsch schopping oder so ähnlich. Im siebten Himmel schwebte Kriminalobermeister Bichler, als

Veronika zu erkennen gab, dass sie nicht abgeneigt wäre, ihn hierzu demnächst einmal mit zunehmen.

Leider wurde er allzu rasch aus dem siebten Himmel herausgerissen, doch wie sagten schon die alten Römer, Dienst ist Dienst und Schnaps ist Schnaps.

„Bichler !" gellte des Oberkommissars laute Stimme durch die Bowlingbahn. „Bichler, wo sind Sie ?"

Manchmal besaß der Kriminalobermeister eine glänzende Reaktion. Blitzschnell tauchte er hinter der Theke hervor, hob die Schuhe (die völlig umsonst aus Staatsgeldern geliehen worden waren !) als Erklärung in die Höhe und sagte : „Gerade ausgezogen, Chef ! Bin gerade fertig geworden. Ergebnis leider negativ."

Kommissar Kobbs stutzte einen Moment und überlegte. Negativ ? Das klang so nach schlecht. Hieß das jetzt, die Mordwaffe war gefunden oder nicht ? Doch er brauchte nicht weiter zu überlegen, denn sein Mitarbeiter hatte hinzugefügt : „Nichts gefunden."

„Gut, Bichler," sagte er darum mit entschlossener Stimme, „oder vielmehr nicht gut. Aber für heute machen wir Schluss. Auch Polizisten brauchen ein Wochenende."

Und draußen, beim Hinuntergehen, meinte er noch : „Wissen Sie, Bichler, ich bin richtig froh diese Woche, dass morgen Sonntag ist. Endlich ein Tag Ruhe. Ich sage Ihnen, das werde ich genießen."

Kriminalobermeister Bichler stimmte ihm zu.

Sonntag

Der Sonntag war phantastisch ruhig. Herr Kobbs, heute einmal nicht Kriminalbeamter, sondern ganz einfach Privatmann, hatte sowohl den ganzen Vormittag als auch die Mittagszeit und darüber hinaus noch den ganzen Nachmittag Ruhe, Ruhe, Ruhe. Er konnte neue Kraft tanken.

Am Abend saß er nur kurz vor dem Fernseher, ärgerte sich ein bisschen über diese Fernsehkollegen, die von allen Zuschauern geliebt und bewundert wurden, und ging dann zu Bett.

Und dann träumte er wieder von Kegeln und noch mal Kegeln. Aber diesmal ließ er sich nicht davon beunruhigen, er ließ sie schwirren, wie sie wollten. Bis plötzlich einer der Kegel einen Mund bekam, ihn aufmachte und nur rrrrriiiiiiing sagte. Herr Kobbs drehte sich auf die andere Seite. Der Kegel drehte sich mit, machte den Mund auf und sagte nochmals penetrant rrrriiiiiiiiiiiing. Herr Kobbs wurde unruhig. Und da, schon wieder, der Kegel gab keine Ruhe, er machte den Mund auf und rief rrrrriiiiiiiiiing. Das wurde so unangenehm und der Kegel hörte und hörte nicht auf damit, bis Herr Kobbs schließlich erwachte.

Er rieb sich die Augen. Rrrrrrriiiiiiiing !

Moment, Wernfried, dachte er, Moment, du schläfst und träumst doch nicht mehr ! Klaren Kopf ! Wie kann es weiter rrrrriiinnng machen, wenn du doch wach bist ?

Rrrrrriiiiiiiiing ! Zum Donnerwetter, das war ja das Klingeln an der Haustür !

Er sprang aus dem Bett und lief zur Tür. Draußen stand sein Untergebener, Kriminalobermeister Bichler, zuckte bedauernd mit den Schultern und sagte, nein, er sagte nichts, er wollte eigentlich etwas sagen, aber sein Chef, der nun hellwach war, kam ihm zuvor und sagte mit grimmigem Gesicht : „Nicht schon wieder Bowlingbahn !"

Bichler presste die Lippen aufeinander und nickte schuldbewusst, dabei konnte er ja eindeutig nichts dafür.

Verärgert trat der Oberkommissar in den Flur hinaus, zog die Türe hinter sich zu und sagte in scharfem Befehlston : „Dann los, Bichler, Dienst ist Dienst !"

Und Schnaps ist Schnaps, ich glaube, das hatten wir schon. Obermeister Bichler jedenfalls zögerte und blieb stehen.

Vorsichtig sagte er : „Chef, vielleicht lieber nicht im Schlafanzug ? Und barfuß ?"

Kriminaloberkommissar Kobbs, der berühmte Rosenheim-Kobbs, sah an sich hinunter und murmelte etwas, das ich hier jetzt nicht schreibe, denn es könnte ja sein, dass der werte Leser dieses Buch offen herumliegen lässt und dann ein Erstklassler darin herumbuchstabiert und womöglich gerade das liest, was der Kommissar nun murmelte. Das wäre schlecht für die Erziehung. Zudem würde es dem gerade in das Schulleben startende Kind einen völlig falschen Eindruck von unseren Polizisten vermitteln. Und das wäre noch schlechter, denn um die Wahrheit zu sagen, nicht alle Polizisten beginnen ihren Dienst barfuß und im Schlafanzug. Keineswegs. Nur die eifrigen.

Und dann bemerkte Oberkommissar Kobbs, dass die Tür zu seiner Wohnung zu war. Und was er nun etwas lauter sagte, kann ich nicht einmal einem Drittklassler zumuten zu lesen. Geschweige denn dir, lieber Leser.

Er suchte alle Taschen seines Schlafanzuges nach dem Hausschlüssel ab, fand aber keinen, denn der Schlafanzug hatte gar keine Taschen.

Doch zum Glück war ja Kriminalobermeister Bichler da. Der nahm aus seinem Geldbeutel seine Bankcard, schob sie zwischen Türschloss und Türrahmen und fuhr damit auf und ab. Diesen Trick hatte er schon öfter bei Krimis und auch bei der lehrreichen Sendung Aktenzeichen XYZ gesehen und war nun froh, dieses endlich auch einmal in der Praxis ausprobieren zu können. Ja, solche Tricks muss man kennen.

Der Vorteil des Tricks war, dass die Wohnungstür nun offen war und der Herr Kriminaloberkommissar die Wohnung betreten und sich ordentlich kleiden konnte.

Der Nachteil des Tricks war, dass die Bankcard nun völlig zerkratzt und damit auf ewige Zeiten unbrauchbar war.

Eine halbe Stunde später betraten die beiden Beamten die Bowlingbahn. Veronika hatte an der bereits verschlossenen Türe gewartet und ihnen aufgesperrt.

Mit einem Blick übersah der Oberkommissar die Lage. Von dem Kerl, der in eigenartiger Haltung am Boden der Bar lag und wohl etwas suchte, was ihm dort hinuntergefallen war, ließ er sich nicht weiter beeindrucken. Für solche Nebensächlichkeiten war heute zu so später Stunde keine Zeit mehr.

Gäste waren keine mehr da. An einem der Tische saßen ein paar Personen, von denen ein Mann dem Kommissar bekannt vorkam. Irgendwo hatte er ihn schon einmal gesehen, ach ja richtig, das war dieser nette hilfsbereite Mann aus der Küche, der Koch.

„Und wo finden wir diesmal die Leiche ?" fragte er Veronika mit schnarrender Stimme.

Die sah ihn erstaunt an. „Wenn Sie noch zwei Schritte machen, dann stehen Sie drauf." Und dabei wies sie auf den am Barboden Suchenden.

„Bitte heute keine Scherzchen," ärgerte sich der Kommissar und gab dem am Boden Liegenden einen leichten Tritt in den nach oben ragenden Hintern. Die Leiche, denn um selbige handelte es sich, kippte beiseite und zeigte dem Kommissar eine prächtige Kopfwunde.

„Teufel noch mal," erschrak dieser und sprang ein Stück zurück. Dann trat er wieder näher und stellte fest : „Bichler ! Eindeutig Keule ! Und das am Sonntag !"

Deutlich mit den Fingern mitzählend sagte er laut : „Montag, Dienstag, Mittwoch, Donnerstag, Freitag, Samstag, Sonntag. Sieben Tage ! Und sieben Leichen !

Wenn da kein Zusammenhang ist, dann will der Egon wie ich heißen."

„Umgekehrt, Chef, umgekehrt," meinte sein Mitarbeiter.

„Was umgekehrt ?" fragte Kommissar Kobbs unwillig, denn er liebte es überhaupt nicht, beim Denken und Kombinieren gestört zu werden. „Was wollen Sie denn schon wieder mit Ihrem ‚umgekehrt', Bichler ? Seit wann zählt man denn rückwärts ? Samstag, Freitag, Donnerstag ?"

„Nein, Chef," antwortete der Obermeister, „nicht die Tage. Das Sprichwort heißt umgekehrt : Dann will ich Egon heißen und nicht der Egon will wie ich heißen."

„Mund halten, Bichler !" fauchte der Kommissar, wandte sich zu Veronika, die inzwischen bei den anderen Leuten am Tisch saß und sagte : „Pro Tag eine Leiche ! Sieben Tage, sieben Leichen ! Meine liebe Frau, wie war doch gleich Ihr Name, ach, ist ja unwichtig, also noch mal : Sieben Tage, sieben Leichen. Das hängt doch garantiert zusammen !"

Sein Blick fiel auf die am Tisch Sitzenden. Er erstarrte. Da saßen doch - da saßen sieben Leute ! Und nun zeigte sich, egal, was der werte Leser bisher für eine Meinung von ihm hatte, nun zeigten sich seine kriminalistischen Fähigkeiten.

„Sieben Tage ! Sieben Leichen ! Sieben Leute !" murmelte der Kriminaloberkommissar, fixierte die Dasitzenden und rief laut und bestimmt : „Ihr sieben seid die Mörderclique und niemand anderes ! Sieben Tage ! Sieben Leichen ! Und ihr sieben !"

Und dann fügte er etwas ganz Entscheidendes hinzu : „Mit dieser Leichengeschichte auf dieser Kegelbahn mach' ich jetzt Schluss !" (Gut, dass der BBB nicht hier war, der hätte sich wieder aufgeregt, aber Oberkommissar Kobbs verwechselte Bowlingbahn mit Kegelbahn nur in der Aufregung !) „Ich verhafte euch alle miteinander. Alle mitkommen ! Los, Los ! Bichler, halten Sie die Türe auf und ab !"

Bertl, Melli, Andi, Harry, Putzfrau, der ältere Herr und Veronika sahen sich erschrocken an. Dann erhoben sie sich langsam und gingen mit in den Flur, bis zur Treppe.

Dort hielt der Kriminalobermeister Bichler seinen Chef am Mantelärmel fest und sagte : „Chef, wo sollen wir denn die alle hinsetzen im Auto ? Ich bring doch nicht in dem kleinen Wagen neun Leute unter. Außerdem wäre es verboten, mit so vielen zu fahren."

Mund halten, Bichler ? Nein, das sagte der Oberkommissar diesmal nicht. Er überlegte kurz und nickte dann.

67

„Ja, stimmt, neun können wir nicht mitnehmen. Aber ich sage Ihnen eins, Bichler, das hier ist die Anstifterin."

Er zeigte auf Veronika und suchte eine Minute in seinen Taschen. Dann zeigte er wieder auf Veronika.

„Die nehme ich mit, Sie passen auf die anderen auf ! Moment, ich bin gleich wieder da, ich hole nur Handschellen aus dem Auto."

Veronika sah Bichler erschrocken an und in dem Augenblick, in dem der Oberkommissar loslaufen wollte, kam ihm ein Bein seines Mitarbeiters in die Quere. Kriminaloberkommissar Kobbs stolperte, überschlug sich, purzelte mit drei eigenartigen Saltos die Treppe hinunter und blieb regungslos liegen.

Bertl beugte sich vor und stellte fachmännisch fest : „Der is hi."

Veronika sah den Kriminalobermeister an und fragte ihn : „Und was jetzt ?"

Der beeilte sich zu versichern : „Also ich weiß nicht, wie mein Chef zu seiner Überlegung kam." Dann nahm er ihre Hand und fügte hinzu : „Von mir habt ihr ganz sicher nichts zu befürchten."

Der ältere Herr unterbrach nach einiger Zeit das darauffolgende Schweigen und meinte : „Das ist doch schön ! Dann begrüßen wir den Herrn Polizeibeamten als neues Mitglied in unserer Runde. Wollen wir nicht hineingehen und uns drinnen noch ein bisschen zusammensetzen ?"

„Genau," meinte Bertl, „ ich mach uns schnell eine Riesenpizza und dann feiern wir die Woche."

Alle stimmten freudig zu und Andi sagte : „Bis die Pizza fertig ist, können wir doch eine Runde bowlen ! Ich schalt schnell die Maschinen noch mal ein."

Als Veronika zögerte, fragte der ältere Herr : „Ist was ? Steht dem was im Wege ?"

„Ich weiß nicht recht," antwortete sie zögernd, „ der Besitzer liebt das gar nicht, wenn wir alles noch mal einschalten und selber spielen. Wenn der zufällig noch kommt ?"

„Wieso," fragte der ältere Herr noch einmal nach, „ist der denn so ekelhaft ?"

Veronika schüttelte den Kopf. „Nein, nein, der kann richtig nett sein. Aber er regt sich so schnell auf, wenn irgendwas los ist, und da weiß ich nicht ...."

„Kein Problem, kein Problem," sagte der ältere Herr fröhlich, „wenn er wirklich kommt, dann weiß ich schon eine Lösung. Alles ist machbar."

Schluss

Lieber Leser, das, was vor dem Titel *Schluss* zu lesen war, das war der Schluss, nicht das, was jetzt kommt. Das was jetzt kommt, das ist so eine Art Postscriptum. Hast du es gemerkt ? Das war lateinisch und bedeutet so viel wie ‚nach dem Schluss noch hinterhergeschrieben'.

So, und jetzt ganz ehrlich. Niemand sieht dich, lieber Leser, also kannst du mir ganz ehrlich deine Meinung sagen. Hat dir dieser Kriminalroman gefallen ?

Nicht ? Also ich muss schon sagen, das empört mich. Für was habe ich mich dann so lange hingesetzt und gedacht und geschrieben ? Nur damit du jetzt sagst, die ganze Geschichte ist Mist ? Meine ganze Arbeit umsonst ? Also dann bitte, dann kann ich dir nur raten : Geh in die Bowlingbahn. Spiel eine Runde. Vergiss nicht die Leihschuhe zu bezahlen, Kinder und Jugendliche bloß einen Euro, Erwachsene einsfünfzig. Und dann setz dich zu Bertl und bestell dir was, von mir aus eine Riesen- oder eine Teufelspizza. Und dann lies das Buch in Ruhe noch mal ! Und dann sprechen wir uns wieder.

Oder hat dir das Buch gefallen ? Ja ? Dann muss ich sagen, lieber Leser (Überhaupt, wieso heißt es immer lieber Leser ? Haben wir denn das Zeitalter der Emanzipation schon hinter uns ?) Also noch mal : Liebe Leserin, lieber Leser, hat dir dieser Kriminalroman gefallen ? Ja ? Dann kann ich nur sagen : Du bist mir sympathisch. Ehrlich, richtig sympathisch. Solche Leser wie dich sollte es mehr geben. Als Belohnung biete ich dir an : Geh in die Rosenheimer Bowlingbahn und vergnüge dich ein paar Stunden und zwischendrin oder danach setz dich an einen Tisch und bestell dir was Gutes aus Bertl's Küche. Du wirst es nicht bereuen.

Gut, liebe Leserin und lieber Leser, wenn du ehrlich bist, dann bin ich es auch. Einen gibt es, der war nicht zufrieden mit diesem Roman. Ich weiß nicht warum, aber er ist nicht zufrieden. Der BBB nämlich. Weißt du noch ? BBB, das ist der Bowlingbahnbesitzer. Der ist also nicht zufrieden.

Und jetzt sitz ich hier an einem Tisch in der Bowlingbahn, weil der BBB gesagt hat, ich soll kommen. Er wird auch gleich kommen, irgendwas will er von mir.

Ah, da kommt er ja ! Was hat er denn da in der Hand ? Das schaut aus wie ein Ke..., nein, ich weiß schon, das ist ein Pin. Genau. Ein Pin. Was will er bloß mit .....

„Aaaaaaaaaaaaaaaah........."

Licht aus

Weitere Bücher des erfolgreichen und also hochgeschätzten Autors, als da wären (im selben Verlag):

Kinderbuch „Lauter kleine Geschichten von lauter kleinen Leuten" (vom kleinen Affen, vom kleinen Riesen, vom kleinen Buchstabendieb und anderen) ISBN-13:9783837084122

Aus der „Raimund von Bogen" Reihe :

Band 1 „Denn mein ist die Gerechtigkeit der Rache" (Der junge Ritter und Grafensohn Raimund von Bogen, Berufsmörder im Auftrag des Herzogs, kommt einer Geheimorganisation der Kirche in die Quere und muss bitter dafür bezahlen. Dies ist die Geschichte der Farben weiß und blau im Wappen unseres Landes.) ISBN-13:9783837084030

Band 2 „Und hüte dich vor den Mönchen" (Zwei junge Ritter im herzoglichen geheimen Dienst. Der eine weiß nicht, wer sein Vater ist und der Vater des anderen verschwindet spurlos. Haben Mönche ihre Hand im Spiel ?)ISBN-13:9783837086157

Band 3 „Der Janitschar von Salzburg" (Die beiden jungen Ritter Raimund von Fulinpach und Stephan von Tiers, Duo im herzoglichen geheimen Dienst, werden an die Kirche ausgeliehen. Sie sollen merkwürdige Anschläge auf den Fürst-Bischof zu Salzburg aufklären und stoppen. Doch bald geht es für sie selbst um Leben und Tod.) ISBN-13:9783837086164